Ursula Kraft

Freundschaft ist blau – oder?

Buchecker Verlag

An einem Meeresstrand lebten viele Pinguine.
Es gab große und kleine, dicke und dünne.
Aber eines hatten sie alle gemeinsam – sie waren schwarzweiß.

Etwas abseits hatte sich ein kleiner Pinguin seinen Platz gesucht. Er wohnte dort ganz allein. Die anderen wollten nichts mit ihm zu tun haben, denn er sah nicht so aus wie sie – er war blau.

Als er sich wieder einmal sehr einsam fühlte, dachte er: „Eigentlich könnte ich von hier weggehen. Niemand würde mich vermissen.“
Je länger er darüber nachdachte, umso fester wurde sein Entschluss, diesen Strand zu verlassen.

Und so machte er sich auf den Weg.

Er ging nicht auf einer Straße davon. Nein!
Er tauchte ein ins große Meer und schwamm fort,
ohne sich ein einziges Mal umzusehen.

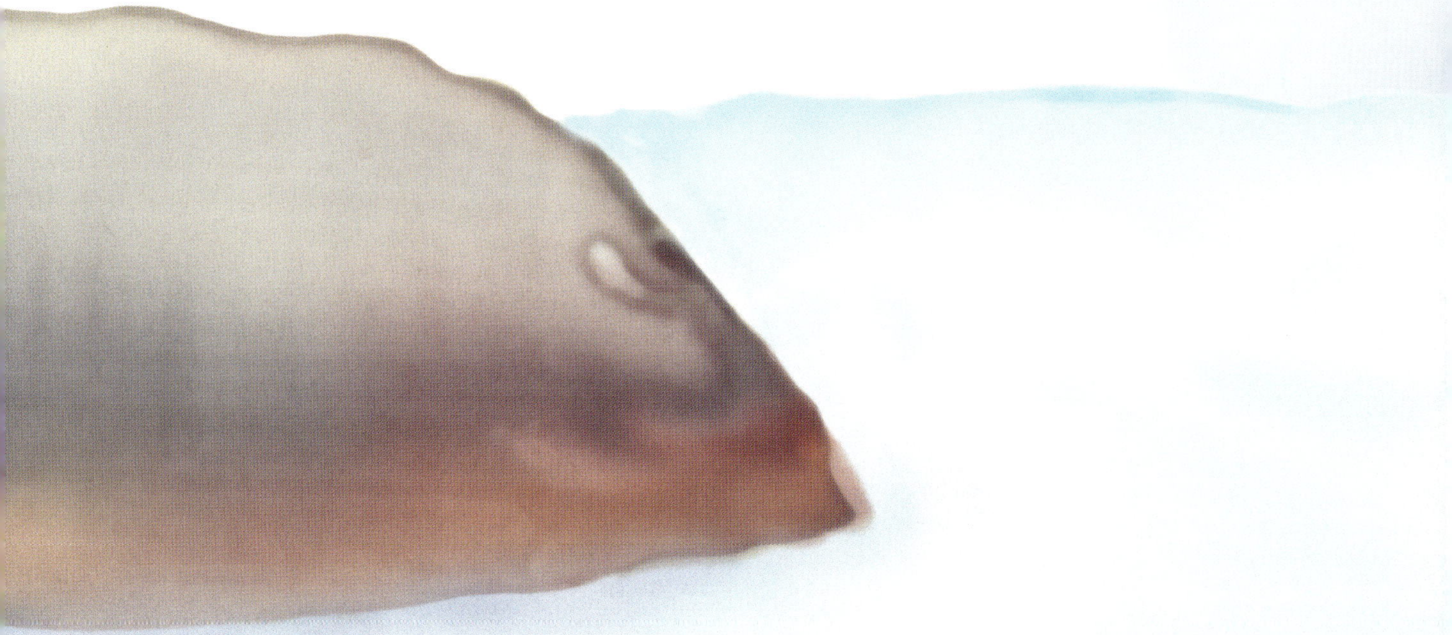

Als er einen ganzen Tag lang geschwommen war, entdeckte er in der Ferne eine kleine Insel.

Auch hier war er allein.

So richtig gemütlich war es nicht auf dieser kahlen Insel. Die anderen Pinguine vermisste er nicht, aber seine Steine fehlten ihm.

Also sprang er noch einmal ins Meer, um sich einige Steine heraufzuholen.
Dabei begegnete er vielen anderen Meerestieren.

„Hier unten ist es eigentlich viel schöner als dort oben auf der leeren Insel“, dachte er und beschloss, sich genauer umzusehen.

Bis auf den Grund tauchte er hinunter.

Da entdeckte er eine kleine Höhle.

Die Pflanzen, die dort wuchsen, sahen
aus wie Bäume und Blumen.
Es war ein richtiger Unterwassergarten!
So etwas hatte er noch nie gesehen.

Weil er aber ein Pinguin und kein Fisch war, musste er nach einer Weile wieder auftauchen, um Luft zu holen.

Er nahm unter seinen Flügeln zwei Luftblasen als Vorrat mit hinunter, denn er wollte eine Zeit lang in diesem Unterwassergarten bleiben.

Es dauerte nicht lange, da geschah etwas Aufregendes.

Er erblickte einen kleinen Fisch, der genau die gleiche Farbe hatte wie er.
Das Fischlein schaute erwartungsvoll zu ihm herüber.

Da fühlte der Pinguin, dass er sich schon immer einen blauen Freund gewünscht hatte.
Zaghaft winkte er mit seiner Vorderflosse. Sogleich schwamm der kleine Blaue heran.
Die beiden merkten schnell, wie gut sie zusammenpassten.
Das Spielen und Schwimmen, das Pflegen des Unterwassergartens – alles war viel schöner zu zweit!

So lebten die blauen Freunde zufrieden und glücklich in ihrem kleinen Reich.

Eines Abends kam der kleine Fisch entsetzt in die Höhle gestürzt.
„Draußen sind zwei Fremde! Sie sehen unheimlich und gefährlich aus!", keuchte er.

Vorsichtig lugten die beiden Blauen hinaus.
Tatsächlich – da schwammen zwei fremde Wesen umher. Sie waren giftgrün!
Als sich die Angst bei den Freunden etwas gelegt hatte, meinte der Pinguin:
„Der eine sieht fast so aus wie du, nur die Farbe passt nicht."
„Du hast Recht!", antwortete der blaue Fisch. „Mit dem Kleinen könnte man sich anfreunden, aber leider ist er nicht blau, so wie wir. Und der Lange sieht gefährlich aus. Ich glaube, es ist ein Dolchfisch."
„Ein Dolchfisch?", rief der Pinguin entsetzt. „Das wäre ja fürchterlich!"
Sie verkrochen sich in ihrer Höhle und versuchten, die beiden Fremden zu vergessen.
Das Dumme war nur – der Luftvorrat des kleinen Pinguins ging bald zu Ende...

Die beiden Grünen draußen hatten ganz andere Gedanken.
Lange waren sie im Meer umhergeschwommen, denn sie waren auf der Suche nach einer neuen Heimat.
Nun mussten sie erleben, dass diese beiden blauen Wesen nichts mit ihnen zu tun haben wollten.

Pinguins Luft war zu Ende. Vorsichtig kamen die Blauen aus ihrer Behausung.

Hinter der Höhle stand eine wunderschöne Wasserpflanze. Sie wiegte sich in der Meeresströmung hin und her.

Auf einmal faltete sie ihre roten Blütenblätter auseinander. Bunte Blasen stiegen auf und schwebten wie durchsichtige Luftballons durch das Wasser...

Das sah so schön aus, dass der kleine blaue Fisch und der kleine grüne Fisch gleichzeitig darauf zu schwammen. Beide wollten eine Kugel fangen, um damit zu spielen.

Zuerst erschraken sie, als sie plötzlich so nahe beieinander waren. Aber dann merkten sie, dass keiner dem anderen etwas zuleide tun wollte.

Vorsichtig stupsten sie sich mit der Nase die Luftkugel zu. Das machte ihnen großen Spaß.

Nun wagten sich auch die beiden Großen heran.
Da erkannte der Pinguin, dass der lange Grüne gar kein Dolchfisch, sondern ein Nasenfisch war.
So fremd waren sie sich gar nicht, obwohl sie ganz verschieden aussahen.

Zu viert war es noch viel schöner als zu zweit,
und langweilig wurde es ihnen nie.

Eines Nachmittags, als der Pinguin gerade mit zwei Luftblasen von der Wasseroberfläche zurückkam, wedelten die anderen aufgeregt mit ihren Flossen.
„Schau mal da hinüber!", flüsterte ihm der kleine Grüne zu. „Zwei Fremde! Sie sind am ganzen Körper gelb!"

Der Pinguin war ratlos. „Diese beiden sehen wirklich völlig anders aus als wir. Was sollen wir denn jetzt machen?"
„Ich ärgere mich", zischte der lange Grüne. „Wir hatten es so gemütlich – und jetzt das!"
Die anderen drei gaben ihm Recht.
„Aus ist es mit unserer Ruhe!", murmelte der kleine grüne Fisch.
Er und der kleine Blaue waren inzwischen so gute Freunde geworden, dass der Pinguin fast schon ein bisschen eifersüchtig war.

Die Blauen und die Grünen versteckten sich in ihrer Höhle.
„Blau und grün passt recht gut zusammen. Das sieht man ja an uns“, meinte der Pinguin, „aber gelb ist eben etwas ganz anderes!“

Draußen standen die Gelben wie zwei Ungeheuer und dachten nicht daran zu verschwinden.
Die Aufregung der Freunde legte sich allmählich, aber sie wussten nicht recht, wie es weitergehen sollte.

Plötzlich begann die schöne Wasserpflanze, sich sanft hin und her zu wiegen.

Da erinnerten sich die vier an den Abend, an dem die beiden Grünen als Fremde draußen vor der Höhle gestanden waren. Angst hatten sie damals voreinander gehabt! Und nun waren sie die besten Freunde.

Die Wasserpflanze faltete ihre Blütenblätter auseinander und wartete. „Ich glaube, sie will, dass wir kommen und Luftkugeln abholen", sagte der Pinguin. Und damit hatte er Recht.

Beim ersten Mal hatte ihnen die Wasserblume geholfen. Diesmal mussten sie allein das Richtige tun.

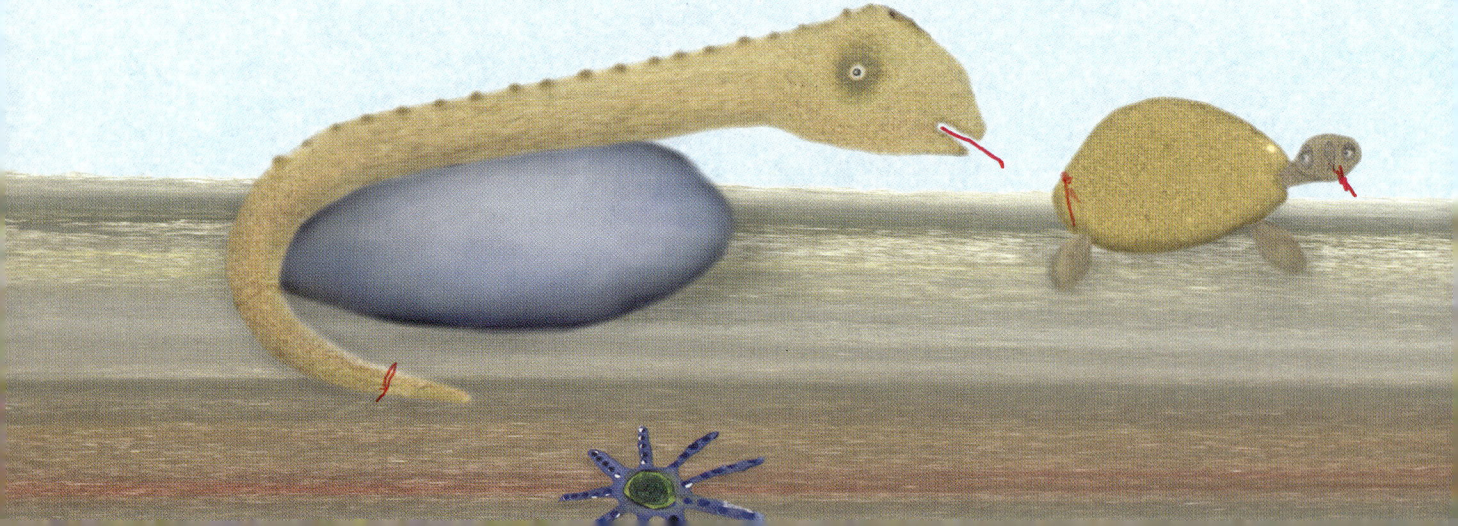

Mutig schwammen sie zur Pflanze hin und rüttelten sanft an ihrem Stängel.

Schon blubberten durchsichtige, glänzende Luftblasen aus der Blüte hervor und schwebten schillernd durch das Wasser.

Die Gelben näherten sich ein wenig. Der eine sah aus wie ein Aal, der andere wie eine Wasserschildkröte. Die beiden spürten, dass sie nun doch willkommen waren.

Nun waren sie zu sechst in dem Unterwassergarten und verbrachten dort glückliche Tage.

Wenn der Pinguin Luft holen musste, begleiteten ihn die anderen fünf zur Wasseroberfläche. Nachts schlief er auf seiner Insel.
Er war nun nicht mehr eifersüchtig.
„Manche passen einfach besonders gut zusammen“, dachte er.
Er selbst hatte ja auch seinen allerbesten Freund gefunden – die gelbe Wasserschildkröte.
Anfangs war sie scheu gewesen und hatte sich oft in ihren Panzer zurückgezogen. Aber eines Tages erkannte sie, dass man zur Freundschaft auch ein wenig Mut braucht. Jetzt war sie überall mit dabei.

Der „Aal“ war überhaupt kein Aal, sondern eine Wasserschlange, die sogar ein bisschen giftig war. Das merkten die anderen aber erst, als sie schon mit ihr befreundet waren – und vor einem Freund braucht man ja keine Angst zu haben.

Es sprach sich schnell im Meer herum, dass es sechs Freunde gab, die ganz verschieden aussahen und trotzdem viel Spaß miteinander hatten.

So kamen im Lauf der Zeit die unterschiedlichsten Wassertiere und fragten, ob sie mitspielen dürften. Alle möglichen Farben und Formen hatten sie.
Sie waren gestreift, getupft und sogar stachelig und brachten viele neue Ideen von draußen aus dem Meer mit.

„Wenn ihr nichts Böses im Sinn habt, dann seid ihr willkommen!“, begrüßte der Pinguin die Besucher. Er war der Hausherr in der kleinen gemütlichen Höhle und in dem farbenprächtigen Unterwassergarten.

Eines Nachmittags, als er sich mit seinen Freunden vom Spielen ausruhte, sagte er nachdenklich: „Die Pinguine damals am Strand meinten, Freundschaft sei schwarzweiß. Mich konnten sie nicht leiden. Deshalb bin ich fortgegangen. Aber dann habe ich genau den gleichen Fehler gemacht wie sie."

Er schaute den kleinen blauen Fisch an: „Erinnerst du dich, als wir beide hier in diesem Garten noch alleine waren? Wir dachten, Freundschaft sei blau – nur blau!"
„Ja", lachte das Fischlein, „aber Freundschaft ist eben nicht nur blau oder schwarzweiß."

„Und auch nicht nur grün!“, sagte der Nasenfisch. Der kleine Grüne stimmte ihm zu und nickte.

„Freundschaft ist auch nicht nur gelb!“, meinte die Wasserschlange. Sie war früher immer nur mit der gelben Schildkröte befreundet gewesen, aber das war jetzt alles anders.

Der blaue Pinguin ging zu seiner Wasserblume.
„Danke, dass du uns geholfen hast“, sagte er zu ihr und streichelte sie.
„Freundschaft wächst beim Spielen und kann alle Farben haben.
Freundschaft ist bunt!“

Er schaute zu seinen fünf Freunden hinüber und rief: „Habt ihr auch Lust zum Spielen? Dann kommt! Der Tag ist noch nicht zu Ende..."

Hier kannst du selbst ein großes Freundschaftsbild gestalten. Die sechs Freunde, einige Meerestiere und Luftkugeln zum Ausschneiden und Aufkleben findest du am Ende des Buches.

Freundschaft wächst ganz heimlich

Text und Melodie
Ursula Kraft

2. Freundschaft wächst ganz heimlich beim Spielen.
Nimm sie an und pfleg sie, dann bleibt sie kerngesund.
Wenn du mich anschaust, dann kannst du sie fühlen.
|: Sie glänzt in allen Farben, ist kunter-kunterbunt. :|
Refrain: Freundschaft ist rot und gelb und weiß…

3. Freundschaft wächst ganz heimlich beim Spielen.
Wir passen auf sie auf, damit sie nicht zerbricht.
Wenn ich uns anschau, dann kann ich sie fühlen,
|: und jeder kann sie sehen in unserem Gesicht. :|
Refrain: Freundschaft ist rot und gelb und weiß…

Ursula Kraft ist Grundschullehrerin. Der Schwerpunkt ihrer schulischen Arbeit lag jahrelang auf der Integration von Aussiedlerkindern aus Kasachstan und Asylbewerberkindern. Mittlerweile ist sie im Bereich der individuellen Lernförderung tätig.
Sie ist verheiratet, hat drei erwachsene Kinder und lebt in der Oberpfalz.